108 citas de Amma sobre la Dicha Suprema

Mata Amritanandamayi Center, San Ramon
California, Estados Unidos

108 citas de Amma sobre la Dicha Suprema

Publicado por :
  Mata Amritanandamayi Center
  P.O. Box 613
  San Ramon, CA 94583
  Estados Unidos

———————— 108 Quotes on Bliss (Spanish) ————————

Copyright © 2017 Mata Amritanandamayi Center,
  P.O. Box 613, San Ramon, CA 94583, Estados Unidos
Reservados todos los derechos. Ningún fragmento de esta publicación puede ser almacenado en sistemas de recuperación, transmitido o reproducido en cualquier idioma, en cualquier forma o medio, sin el acuerdo previo o la autorización del editor.

Primera edición : marzo 2017

En España :
  www.amma-spain.org
  fundación@amma-spain.org

En la India:
  inform@amritapuri.org
  www.amritapuri.org

1

Hijos, somos la luz de lo Divino: el Atman (Ser Verdadero) eternamente libre, infinito y dichoso. Proceded con inocencia, esfuerzo y fe y descubriréis la Dicha del Ser en vuestro interior.

2

Lo Divino está presente en todos, en todos los seres, en todo. Como el espacio, Dios está en todas partes, es omnipresente, todopoderoso y omnisciente. Dios es el principio de la vida, la luz interior de la Conciencia y la pura Dicha del conocimiento. Es tu propio Ser. Puedes entender el secreto de la Dicha cuando contemplas la naturaleza del Ser. Cuando las olas de la mente se apacigüen, verás que todo lo que buscas está ya dentro de ti.

3

Siempre que te sientas inspirado y tengas tiempo, siéntate en soledad e intenta visualizar todo como luz pura y conciencia dichosa.

4

Para los buscadores espirituales es bueno pasar algún tiempo mirando el cielo. Contemplando la inmensidad del cielo, intenta fundirte en esa amplitud sin forma, donde solo hay una Dicha indivisible.

5

Mira en tu interior, observa los pensamientos e identifica su fuente. Convéncete siempre de que «tengo la naturaleza de Sat-chit-ananda (Ser-Conciencia-Dicha puros)».

6

El objetivo de este nacimiento humano es el conocimiento de nuestra verdadera naturaleza: la felicidad infinita. No te pierdas la preciosa oportunidad de encontrar tu Ser eternamente dichoso por perseguir alegrías temporales.

7

Un ciervo almizclero busca la fuente del aroma del almizcle; pero, por mucho que la busque, nunca la encontrará, porque la fragancia viene de su interior. Del mismo modo, la Dicha no se puede encontrar en el exterior; está dentro de nosotros. Cuando reflexionemos sobre esto y adquiramos suficiente desapego, la mente dejará de correr tras los placeres externos.

8

Si conseguimos renunciar a la actitud de «yo» y «lo mío», no habrá más dolor y podremos disfrutar de la Dicha infinita que mora en nuestro interior; pero tenemos que renunciar a la actitud de «yo» como individuo. La felicidad está dentro de todos, pero no conseguimos experimentarla por los gustos y aversiones de nuestro ego.

9

Hijos, la Dicha, no el dolor, es nuestra verdadera naturaleza; pero algo nos ha sucedido que lo ha vuelto todo del revés. La felicidad se ha convertido en un estado de ánimo «extraño», mientras que el dolor se considera algo natural. Solo alcanzaremos la verdadera Dicha cuando podamos discernir entre lo eterno y lo no eterno.

10

Todos estamos buscando la Dicha eterna, pero no la vamos a encontrar en los objetos perecederos. ¿Cómo puede alguien que busca la felicidad en las cosas mundanas alcanzar una Dicha que no pertenece a este mundo?

11

La felicidad que conseguimos en el mundo exterior es fugaz; nunca permanece con nosotros por mucho tiempo. Está ahí un momento y al siguiente ya no está. Pero la Dicha espiritual no es así. Una vez superada la etapa final, en que se trascienden las limitaciones del cuerpo, la mente y el intelecto, la Dicha es para siempre y es infinita. Cuando se llega a ese estado final, ya no hay vuelta atrás.

12

Un hombre buscaba algo andando a gatas.

—¿Qué buscas? —le preguntó su vecino.

—Mi llave —dijo el hombre, desesperado.

Ambos hombres se pusieron a cuatro patas para buscar. Al cabo de un rato, el vecino dijo:

—¿Dónde la perdiste?

—En casa —respondió el hombre.

—¡Dios mío! —dijo el vecino— Entonces, ¿por qué estás buscando aquí?

—Porque aquí hay más luz.

Del mismo modo, la felicidad está dentro de ti, pero la buscas fuera.

13

Si intentas buscar la felicidad, no la encontrarás porque la búsqueda de la felicidad provocará insatisfacción. La búsqueda creará inevitablemente turbulencias en tu interior. Una mente turbulenta es una mente infeliz. La búsqueda de la felicidad está siempre en el futuro, nunca en el presente. El futuro está fuera; el presente está dentro. La Dicha te espera dentro.

14

En tu ansiedad por obtener la felicidad creas el infierno en tu mente. Después de todo, ¿qué es la mente? Es la acumulación de toda tu infelicidad, negatividad e insatisfacción. La mente es el ego, y el ego no puede ser feliz. ¿Cómo puedes buscar la felicidad con una mente así? Buscar más solo provoca más infelicidad. La felicidad solo aparece cuando desaparecen la mente y todos sus pensamientos egocéntricos.

15

La felicidad viene del interior. Un perro muerde un hueso y piensa que la energía que obtiene de la sangre de sus propias encías heridas procede del hueso. Nos engañamos de la misma manera cuando pensamos que la Dicha que recibimos de nuestro interior procede de un objeto externo.

16

Llevamos mucho tiempo pensando que el cuerpo y la mente son reales. Eso nos ha causado dolor. Ahora pensemos lo contrario. El Atman es real y eterno y es lo que aspiramos a conocer. Si ese pensamiento se fija firmemente en la Conciencia, las penas desaparecen y solo se experimenta Dicha.

17

Para lograr la verdadera paz y la verdadera felicidad hay que ir más allá de la mente y sus deseos. Por mucho que se intente, no es posible saborear la Dicha del Ser si a la vez se busca la felicidad mundana. Si comes páyasam (arroz con leche) en un recipiente utilizado para guardar tamarindo, ¿cómo vas a conseguir el auténtico sabor del páyasam?

18

La verdadera felicidad procede de la disolución de la mente, no de los objetos exteriores. Mediante la meditación podemos lograrlo todo, incluyendo la Dicha, la salud, la fuerza, la paz, la inteligencia y la vitalidad.

19

Sin mente, no hay mundo. Mientras se tenga una mente, habrá nombres y formas. Cuando la mente se ha ido, no hay nada. En ese estado, no se conoce ni el sueño ni la vigilia. No se es consciente de ninguna existencia objetiva. Solo hay completa quietud, Dicha y paz.

20

Si insistes en frotarte con fuerza el polvo de los ojos en lugar de quitártelo, el dolor y la irritación no harán sino aumentar. Quita el polvo y te sentirás bien. Del mismo modo, la mente es como polvo en el ojo: es un objeto extraño. Aprende a librarte de la mente. Solo entonces lograrás la perfección, la Dicha y la felicidad.

21

Nuestro problema es que nos identificamos con todos los estados de ánimo de la mente. Cuando estamos enfadados nos convertimos en ira. Lo mismo ocurre con el miedo, la excitación, la ansiedad, el dolor y la felicidad. Nos volvemos uno con esa emoción, sea positiva o negativa. Nos identificamos con la máscara; pero, en realidad, tú no eres ninguno de esos estados de ánimo. Tu verdadera naturaleza es la Dicha.

22

Depende de nosotros elegir entre la felicidad temporal, que acabará en sufrimiento y desdicha sin fin, o el dolor temporal que acabará en la paz eterna.

23

Hijos, el dolor se produce cuando hay deseo. Incluso antes de la creación Dios había dicho: «Siempre seréis dichosos si vais por este camino. El dolor será el resultado si elegís el otro camino». Hijos, desobedecisteis estas palabras y caísteis en la zanja, y ahora decís que os empujaron a ella. Dios nos habló de ambos caminos. La decisión depende de nosotros.

24

La diferencia entre la Dicha espiritual y la felicidad material es como la diferencia entre el agua del río y el agua de la zanja. Sin duda puedes saciar tu sed bebiendo agua de la zanja, pero después caerás enfermo. Si bebes agua del río, tu sed se apagará y no enfermarás.

25

Si el deseo fuera el medio para alcanzar la verdadera felicidad, habríamos alcanzado la Dicha de la liberación hace mucho tiempo. La vida mundana se basa por completo en los órganos sensoriales, pero toda nuestra energía se disipa por medio de la satisfacción de los sentidos. Todos los placeres del mundo, sean los que sean, terminan en el dolor.

26

Supón que cuando tienes hambre solo comes chiles, porque te gustan mucho. Te arderá la boca, y también el estómago. Querías saciar tu hambre, pero ahora tienes que soportar el dolor. De la misma manera, si tu felicidad se basa en las cosas físicas, el sufrimiento vendrá después inevitablemente.

27

La Dicha no se consigue con los objetos exteriores. Se experimenta cuando los órganos sensoriales se funden en la mente por medio de la concentración. Por eso, si deseas la Dicha, intenta adquirir concentración.

28

Si la felicidad se deriva de la concentración, eso significa que no depende de ningún objeto particular. Cuando nos concentramos en objetos pasajeros, experimentamos una felicidad pasajera. ¿Os imagináis entonces la cantidad de Dicha que se obtiene si se logra la concentración en el Señor, que es el almacén eterno de toda la gloria?

29

Hijos, experimentad la Dicha que proviene de estar centrado exclusivamente en Dios. Si realizáis las acciones con la mente entregada a Dios, la Dicha será vuestra para siempre. Entonces, hasta las ocasiones que normalmente serían dolorosas se transforman en momentos de alegría.

30

Al conocer a Dios, os instalaréis para siempre en la Dicha Suprema, porque la naturaleza de Dios es pura Dicha. Dios no es ni felicidad ni infelicidad. La felicidad es limitada, pero la Dicha es incondicional. La felicidad y la infelicidad pertenecen al mundo. Dios es la Dicha que está más allá de toda dualidad.

31

Si quieres la Dicha eterna e imperecedera, tienes a tu disposición el camino que lleva a Dios; pero tienes que trabajar duro. Si solo te interesa lograr la felicidad momentánea, dispones del camino que lleva al mundo. Para llegar a ser un mero gozador de los objetos creados por y que le pertenecen a Dios, solo hace falta un poco de esfuerzo, no tanto como el que se necesita para alcanzar la Dicha de Dios.

32

Cuando disfrutas de los placeres físicos, experimentas una cierta cantidad de felicidad, ¿no? Sin controlar esto, no puedes ascender al plano de la Dicha espiritual. Si no controlas ahora los deseos, más tarde ellos te controlarán a ti.

33

Cuando instalas al Señor dentro de ti, solo hay Dicha, no solo en tu interior sino también fuera. La verdadera Dicha vendrá a ti, no el mero reflejo de la felicidad que obtenemos con los objetos externos. Pero para alcanzar esa Dicha hay que renunciar a la llamada «felicidad».

34

Renuncia a algo y siéntete feliz por ello. Olvídate de que alguna vez fue tuyo. Pensar que has perdido algo también es un error. No sientas eso. Solo siéntete relajado, a gusto. Date cuenta de que eres libre, de que estás libre de esa carga. El objeto era una carga y ahora se ha ido. Solo si puedes sentir la carga del apego serás capaz de sentir la relajación o Dicha que proporcionan el desapego y la renuncia.

35

Una persona verdaderamente rica es aquella que puede sonreír siempre, incluso ante la tristeza. La tristeza no puede hacerle llorar ni necesita la felicidad para regocijarse. Es dichoso por su propia naturaleza. No necesita el apoyo de objetos o acontecimientos externos propicios para ser feliz. Un hombre exteriormente rico puede ser desgraciado si pierde la riqueza inapreciable de la paz y la satisfacción interior.

36

La Dicha eterna no puede conseguirse con la riqueza. Con ella solo se puede conseguir una felicidad perecedera. Entonces te podrías preguntar: «¿Cómo vivimos sin riquezas? ¿Tenemos que dejar la riqueza que tenemos?» La madre no dice que debas dejar nada. La Dicha y la paz se convertirán en tu riqueza si entiendes cuál es el lugar adecuado que debe ocupar lo que tienes.

37

El mundo no es el problema. El problema está en la mente. Por eso, presta atención y verás las cosas con mayor claridad. La atención te proporciona un ojo y una mente perspicaces, a los que no se puede engañar. Lentamente te acercará a tu verdadero yo: la Dicha del Ser.

38

Estar satisfecho en nuestro propio Ser, por el Ser y para el Ser es lo que se llama la soledad interior. Todas las prácticas espirituales se realizan para experimentar esta soledad o unidireccionalidad de la mente. En realidad, no tenemos que apoyarnos en nada exterior para nuestra felicidad. Tenemos que volvernos independientes, apoyarnos tan solo en nuestro propio Ser, que es la fuente misma de toda Dicha.

39

Hasta para disfrutar de los placeres mundanos correctamente, hay que tener una mente tranquila. Por eso, hijos, hay que «ventilar» la mente. Una persona con la mente ventilada solo experimenta Dicha en todos los momentos y lugares. En eso es en lo que hay que esforzarse. Lo que produce Dicha no es ni la riqueza ni ninguna otra cosa. La verdadera donadora de la Dicha es la mente.

40

Entiende esta gran verdad: la felicidad procedente de los placeres mundanos es un minúsculo reflejo de la Dicha infinita que viene del interior de tu propio Ser.

41

Antes de sembrar las semillas hay que preparar la tierra, limpiarla de hierba y malas hierbas. De lo contrario es difícil que las semillas germinen. Igualmente, solo podemos disfrutar de la Dicha del Ser vaciando la mente de todas las cosas externas y dirigiéndola hacia Dios.

42

La Madre quiere que trabajéis duro para alcanzar la Dicha espiritual. No quiere que perdáis el tiempo en nombre de la espiritualidad. La gente acude a la Madre por distintas razones, pero de alguna manera Ella hará que recuerden a Dios.

43

Ahora mismo, Dios es lo último de nuestra lista; pero debería ser lo primero. Si ponemos a Dios el primero, todo lo demás se colocará en el lugar que le corresponde. Cuando tengamos a Dios en nuestra vida, el mundo será nuestro; pero, si abrazamos el mundo, Dios no podrá abrazarnos a nosotros. Tener a Dios en nosotros empieza siendo una lucha; pero, perserverando, llegaremos a la Dicha y la felicidad eternas.

44

La verdadera ganancia solo proviene del Ser. Solo la indagación del Ser tiene valor eterno y trae la paz. Debemos conocer «Eso» como la verdadera Dicha. ¿Qué felicidad hay en preocuparse por los detalles mundanos de la vida? Hay que avanzar considerando que todo lo ha ordenado Él. Si lo haces, obtendrás la paz.

45

No sirve de nada echarle la culpa al destino por todo lo que sucede en tu vida. Todo es fruto de tus propias acciones. Estate en paz y haz tu trabajo en el presente para que tu futuro sea feliz y dichoso. Actúa correcta y sinceramente y, si después algo sale mal, puedes considerarlo tu karma, tu destino o la voluntad de Dios.

46

Dale instrucciones a la mente tales como: «Oh mente, ¿por qué anhelas estas cosas innecesarias? ¿Todavía piensas que eso te dará felicidad y te satisfará? No es así. Has de saber que solo agotará tu energía y te provocará inquietud y una tensión interminable. ¡Oh mente, detén este vagabundeo! Regresa a tu fuente dichosa y descansa en paz».

47

La felicidad también es una decisión como cualquier otra. Hay que tomar esta firme decisión: «Pase lo que pase en mi camino, seré feliz. Soy valiente y no estoy solo. Dios está conmigo».

48

En todo el mundo hay una variedad infinita de técnicas que tratan de vendernos la felicidad. Pueden anunciar esto: «Consiga lo que su corazón desea en diez simples pasos»; o cualquier otro eslogan parecido para tentarnos y que compremos su método. Pero, desgraciadamente, nadie excepto el buscador espiritual da con el verdadero camino. En ninguna parte del mundo se puede aprender a morir al ego, los apegos, la ira, el miedo y todo lo que impide verdaderamente lograr y vivir el amor puro, la paz perfecta y la Dicha Suprema.

49

La felicidad de sus hijos es el alimento de la Madre. Amma es feliz cuando encontráis la Dicha en vuestro interior. Amma se siente infeliz cuando os ve apoyaros de cosas externas, porque, si os apoyáis en ellas, tendréis que sufrir el día de mañana.

50

El objetivo de la Madre es ayudaros a alcanzar el plano más alto de experiencia para que así consigáis llegar a saber quiénes sois realmente. El tapas, o austeridad, sirve para eso. Como la Dicha espiritual es, con mucho, la mayor de todas las alegrías, la intensidad del tapas que se requiere, o el precio que hay que pagar por esa Dicha, también es el más grande. Hay que dedicar la vida entera a ese fin.

51

Rézale a Dios con lágrimas en los ojos: «¡Oh Señor, por favor, déjame verte! Eres mi vida. Eres el Ser Eterno. Mente, ¿por qué anhelas todas estas cosas tontas y sin sentido? No pueden darte la felicidad que ansías. No son las cosas que te pedí que buscaras». El cambio se producirá lentamente gracias a las oraciones Dios y el diálogo con la mente.

52

Los seres humanos tienen un deseo irrefrenable de agarrar todo lo que pueden, hasta el universo entero. No quieren perder nada. El amor puro implica una enorme cantidad de sacrificio. En determinados momentos puede provocar un gran dolor, pero el amor puro siempre acaba en la Dicha eterna.

53

Para obtener el amor puro y la forma más elevada de Dicha, hay que purificarse. La purificación calienta la mente para eliminar todas sus impurezas, y ese proceso supone inevitablemente dolor.

54

Mientras que la felicidad momentánea obtenida en el mundo acaba hundiéndote en la agonía de la tristeza interminable, el dolor espiritual te eleva hacia la morada de la Dicha y la paz eternas.

55

La paz interior siempre surge después del dolor. Para alcanzar el estado de gozo, primero hay que experimentar sufrimiento. Dolor al principio y felicidad eterna al final es mucho mejor que felicidad al principio y un largo dolor al final. El dolor es una parte inevitable de la vida. Sin haber sufrido de alguna manera, no se puede realmente experimentar o valorar la paz y la felicidad.

56

Cuando el Maestro empiece a trabajar, no te dejará ir, porque ningún médico deja que su paciente se vaya antes de terminar la operación. La cirugía realizada por el sátguru no es muy dolorosa, en comparación con la gravedad de tu enfermedad y en relación con la Dicha Suprema y los demás beneficios que obtendrás. Como el verdadero maestro es uno con Dios, sumergirse en su desbordante amor y compasión ayuda enormemente a disminuir el dolor.

57

El Maestro no es el que produce el dolor; es el que lo cura. Su intención no es proporcionar un alivio temporal, sino un alivio permanente, para siempre. Pero, por alguna razón, hay mucha gente que quiere conservar su dolor. Aunque la Dicha Suprema es nuestra naturaleza, parece que, en su estado mental actual, la gente disfruta de su dolor, como si éste se hubiera convertido en una parte natural suya.

58

El dolor inicial es el precio que hay que pagar por la felicidad que se disfruta en la vida. Hasta en un sentido mundano, la intensidad del dolor o el sacrificio por el que hay que pasar varía según la cantidad de felicidad que se busca. Pero la felicidad de la Dicha espiritual es la más alta y la más eterna. Por eso, es muy cara, y para alcanzarla hay que renunciar a las cosas inferiores y que dan menos placer.

59

Ni aunque todas las personas del mundo nos amaran obtendríamos ni una cantidad infinitesimal de la Dicha que obtenemos con el amor de Dios.

60

Igual que la flor se cae cuando el fruto toma forma, los deseos mundanos desaparecen cuando el desapego madura. Después no hay deseo que pueda atar a esa persona, viva en su hogar o en el bosque. Quien se ha puesto por meta el conocimiento de Dios, no le concede la menor importancia a nada más. Ya ha entendido que nada físico es permanente y que la verdadera Dicha está en el interior.

61

Lo apegos insensatos al mundo, fruto de nuestra comprensión errónea, nos hacen vivir inconscientemente, aunque nos movamos y respiremos. Cuando se sueltan todos estos apegos, todo lo que hay en la vida, hasta la propia muerte, puede convertirse en una experiencia dichosa.

62

Vairaguia, el desapasionamiento, es renunciar a las cosas mundanas por haber comprendido que «toda la alegría que recibo del exterior de mí mismo es transitoria, y más tarde me hará sufrir. La felicidad que obtengo de los objetos mundanos no es permanente. Es momentánea y por lo tanto irreal». Sin embargo, para experimentar la verdadera felicidad no basta con renunciar a las cosas ilusorias del mundo. También hay que alcanzar lo que es real. El camino es el amor. El amor es el camino que lleva a la Dicha eterna.

63

¿Crees que la felicidad viene del desapego? No, la felicidad nace del Amor Supremo. Lo que hace falta para conocer el Ser o a Dios es el amor. Solo mediante el amor se experimenta el desapego y la Dicha totales.

64

Aquellos que solo desean el conocimiento de Dios no se preocupan por el pasado o el futuro. Su deseo es estar en el momento presente, porque ahí es donde se encuentra Dios. Ahí es donde se encuentran la paz y la Dicha perfectas. La quietud y la calma interior perfectas se alcanzan estando en este momento.

65

Trabaja y cumple tus obligaciones con todo tu corazón. Intenta trabajar desinteresadamente con amor. Entrégate en todo lo que hagas. De esa manera sentirás y experimentarás la belleza y el amor en todo lo que hagas. El amor y la belleza están dentro de ti. Trata de expresarlos por medio de tus acciones y sin duda alguna entrarás en contacto con la fuente misma de la Dicha.

66

Al refugiarnos en Dios conseguimos la pureza de corazón y con un corazón puro podemos gozar constantemente de la Dicha. La entrega a Dios produce paz. Sin embargo, a menudo tendemos a adorar a Dios de una manera que parece que Dios necesita algo.

67

Se puede llevar una vida espiritual sin dejar de ser una persona de hogar en el mundo. Si mantienes la mente sumergida en Dios constantemente, podrás disfrutar de la Dicha del Ser. Una madre pájaro piensa en las crías que están en el nido incluso cuando está fuera buscando comida. Del mismo modo, si puedes mantener la mente en Dios mientras realizas todas tus actividades mundanas, podrás fácilmente alcanzar la Dicha.

68

Cuando le das un ramo de flores a un amigo, la satisfacción de dar la experimentas tú. Eres el primero en disfrutar de la belleza y el aroma de las flores. Del mismo modo, cuando nos dedicamos al bienestar de los demás, nuestra mente se beneficia volviéndose pura. La verdadera felicidad se deriva de los actos desinteresados.

69

Para recordar a Dios, hay que estar plena y absolutamente en el momento presente, olvidando el pasado y el futuro. Esta clase de olvido ayuda a ralentizar la mente. Permite experimentar la Dicha de la meditación. La auténtica meditación es el final de todos los sufrimientos. El pasado solo está en la mente, y todos los sufrimientos los causa la mente. Al soltar el pasado y la mente, nos instalamos en la Dicha pura del Ser o Dios.

70

Hijos, la meditación es aprender a morir en la Dicha. Igual que celebramos los cumpleaños, dejemos que la muerte y el morir se conviertan en un período de gran celebración y Dicha. Por la meditación se puede aprender a superar el apego y el aferramiento a la vida. La vida entera debe ser una preparación para morir felizmente, porque solo se puede vivir con felicidad cuando se está dispuesto a afrontar la muerte con felicidad.

71

No sois pequeños estanques donde el agua se estanca y se ensucia con el paso del tiempo. Sois ríos que fluyen en beneficio del mundo. No estáis hechos para sufrir. Estáis destinados a experimentar la Dicha. Al fluir por un río, el agua del estanque se purifica. Al fluir por una alcantarilla solo se ensucia más. La alcantarilla es la actitud egoísta de «yo» y «lo mío». El río es Dios. Hijos, al refugiarnos en Dios experimentamos alegría y paz mental, que después fluyen de nosotros en beneficio del mundo.

72

Mira los pájaros que viven junto al estanque. No saben que tienen alas. No quieren volar alto y disfrutar del néctar de las flores de los árboles que hay alrededor del estanque. Solo viven en el barro del estanque. Sin embargo, si se elevaran por el aire y probaran el néctar, no volverían a bajar al barro. Del mismo modo, muchas personas pasan toda su vida sin descubrir su verdadera esencia y la Dicha que se consigue amando a Dios.

73

Puedes escribir libros enteros sobre la espiritualidad. Puedes componer bellos poemas y cantar melodiosas canciones sobre ella. Puedes hablar de espiritualidad durante horas en un lenguaje muy hermoso y florido; pero la espiritualidad seguirá siendo desconocida para ti si no experimentas realmente su belleza y su Dicha en tu interior.

74

El yoga no es algo que se pueda expresar en palabras. Es la experiencia de la unión del jivatman (ser individual) y el Paramatman (Ser Supremo). Igual que no se puede explicar el dulzor que se siente al comer miel, la Dicha de la unidad es inexpresable.

75

Cuando te conviertes en azúcar, no hay nada más que dulzor. Del mismo modo, cuando estamos en un verdadero estado de testigo, solo hay Dicha.

76

Es muy beneficioso seguir el camino de la bhakti (devoción). En él se experimenta la Dicha desde el principio. De ese modo, uno se sentirá animado a realizar sádhana (práctica espiritual). En otros caminos como el pranayama (control de la respiración), la Dicha solo se consigue al final. Igual que se encuentra fruta desde la base de un árbol de jaca, la bhakti es el camino que da fruto desde el principio.

77

La dulzura y la Dicha que proporciona la devoción sin deseos son incomparables. Aunque el advaita (el estado de no dualidad) es la Verdad última, a la Madre a veces le parece que todo carece de sentido y lo que le gustaría es permanecer como una niña inocente delante de Dios.

78

Hijos, la sensación dulce y dichosa que se obtiene al cantar las glorias del Señor es una experiencia incomparablemente única e inexpresable. No hay duda de que al cantar el nombre del Señor se obtiene una satisfacción plena y total. Por eso, hasta los que han llegado a «Ese» estado bajan y cantan las glorias del Señor con la actitud de un devoto.

79

Hijos, orad y derramad lágrimas mientras pensáis en lo Divino. Ninguna otra sádhana te dará la Dicha del amor Divino tan eficazmente como las oraciones sinceras a la Divinidad. Solo llámala. Que la llamada venga de tu corazón, como cuando un niño llora pidiendo comida o que su madre lo abrace y lo acune. Llámala con la misma intensidad e inocencia. Llora y rézala, y Ella Se revelará. No puede permanecer en silencio e impasible cuando alguien La llama de esa manera.

80

La agonía causada por el anhelo de ver a Dios no es dolor; es Dicha. El estado que alcanzamos llamando y llorando a Dios es igual que la Dicha que experimenta el yogui en samadhi. Llorar por Dios no es en absoluto una debilidad mental, sino que nos ayuda a obtener la Dicha más elevada.

81

Llorar por Dios es muy superior a llorar por placeres mundanos triviales y fugaces. La felicidad que obtenemos de los objetos del mundo solo dura unos segundos; pero la Dicha que experimentamos al recordar a Dios es eterna.

82

Un verdadero devoto deja de alimentar el ego y deja de escuchar el intelecto. Solo escucha el corazón. Morir al ego es la verdadera muerte: te vuelve inmortal. La muerte del ego lleva a la inmortalidad. Cuando el ego muere, se vive para siempre en la Dicha.

83

La meditación es la ambrosía que elimina el ego y lleva al estado de no mente. Una vez trascendida la mente, no se puede sufrir. La meditación ayuda a ver todo como un juego encantador, de modo que todas las experiencias, incluso el momento de la muerte, pueden ser dichosas.

84

El nacimiento y la muerte son los dos acontecimientos más intensos de la vida. Durante estas dos importantes experiencias, el ego queda tan relegado a un segundo plano que se vuelve impotente. Cuando se comprende que el nacimiento y la muerte no son ni el principio ni el fin, la vida se vuelve infinitamente bella y dichosa.

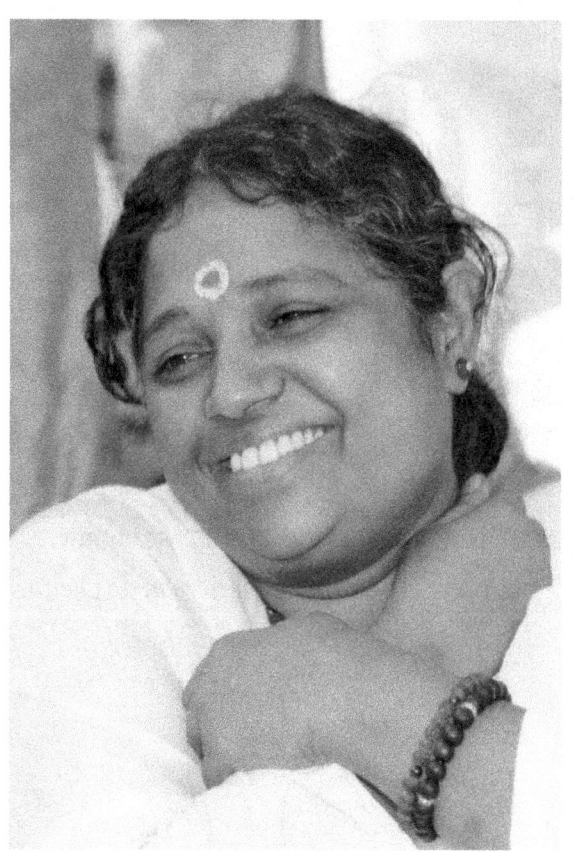

85

El miedo y el dolor que se tienen en relación con la muerte los causa el pensamiento de que la muerte va a destruir todo lo que se tiene, todo aquello a lo que se está apegado y todo aquello a lo que uno se aferra. Este aferrarse provoca el dolor. Si fuera posible soltar todos los apegos, el dolor de la muerte se convertiría en una experiencia de Dicha.

86

La verdad es que la muerte es antinatural para nosotros. La muerte solo es natural para el cuerpo, no para el Ser, que es nuestra verdadera esencia. El dolor también es antinatural para el Ser, mientras que la Dicha es nuestro estado natural; pero el ser humano parece estar mucho más deseoso de abrazar tanto la muerte como el dolor. Ha olvidado cómo se sonríe. Solo quien acceda a la Dicha del Atman será realmente capaz de sonreír.

87

Cuando se puede ver la Verdad, no queda nada desconocido o ajeno. El universo entero resulta familiar, y no se sonríe de vez en cuando, sino continuamente. La vida se convierte en una gran sonrisa. Se sonríe constantemente a todo, no solo durante los momentos felices sino también durante los momentos infelices. Se puede sonreír hasta a la muerte.

88

El amor y la libertad no son dos cosas, sino una sola. Son interdependientes. Sin amor no puede haber libertad, y sin libertad no puede haber amor. La libertad eterna solo se puede disfrutar cuando se han desarraigado todas las negatividades. La hermosa y fragante flor de la libertad y la Dicha Suprema solo despliega sus pétalos y florece en el estado de amor puro.

89

El tiempo que tenemos aquí es muy limitado. Haz como una mariposa que vive solo una semana, que difunde felicidad en todo momento. Si hemos sido capaces de dar felicidad a un alma, aunque solo sea durante un minuto, nuestra vida quedará bendecida.

90

Jivanmukti (el conocimiento del Ser) es el punto más alto de la existencia humana, un estado en el que se experimenta constantemente Dicha mientras aún se vive en el cuerpo. En ese estado, el cuerpo no es más que una jaula en la que el alma mora, porque siempre se es consciente de que el Ser es diferente del cuerpo. Los que conocen el Infinito, los que han conocido la Verdad, no sufren. Solo experimentan Dicha.

91

Una vez logrado el conocimiento del Ser, algunos seres se fusionan con la eternidad y, después de alcanzar ese Estado Supremo, muy pocos de ellos vuelven a bajar. ¿A quién le gustaría volver a bajar después de haber entrado en el Océano de la Dicha? Solo unos pocos pueden hacer el sankalpa, o resolución mental, de descender. Ese sankalpa es compasión, amor y servicio desinteresado a la humanidad sufriente.

92

Los mahatmas pueden conceder una bendición que ni Dios puede dar. Dios carece de nombre y de forma. No se Le puede ver. Los Mahatmas dan realidad a la existencia de Dios y bendicen a las personas con una experiencia tangible de Él. En su presencia, la gente puede ver, sentir y experimentar a Dios. Ellos realizan la mayor renuncia de todas al dejar la Morada Suprema de la Dicha para vivir en medio de la gente común, como uno de ellos, mientras permanecen en la unión eterna.

93

No podemos ofrecerles nada a quienes están dispuestos a sacrificar su vida por el bien del mundo. Solo por su gracia podemos recibir el incomparable don del conocimiento de Dios. Solo podemos inclinarnos ante ellos con gran humildad y estarles inmensamente agradecidos por venir aquí para encontrarse con nosotros y ayudarnos a evolucionar. Estos maestros espirituales nos guían hacia el plano de la Dicha Suprema donde ellos mismos habitan por toda la eternidad.

94

Un mahatma, o sátguru, ha trascendido todas las vásanas (tendencias negativas innatas) mediante el control de todos los deseos y ondas de pensamiento. Eso es lo que les da la capacidad de sonreír de corazón y disfrutar simplemente siendo testigos de todo. Como son una fuente de Dicha y felicidad eternas, la fe en el sátguru ayuda a estar realmente feliz y satisfecho, convirtiendo la vida una celebración festiva.

95

La celebración consiste en olvidarse de uno mismo. La base de toda celebración es la fe de que el Ser que está en mí y la Conciencia del universo son lo mismo. Cuando el amor y la compasión llenan el corazón, vemos novedad en cada momento. No nos aburrimos nunca. Cuando somos siempre entusiastas, felices y estamos entregados a Dios, la vida se convierte en una celebración dichosa.

96

Como una gota de agua que cae en el mar y se funde en su inmensidad, el devoto se zambulle en el Océano de la Dicha ofreciéndose a la existencia. Se ahoga en el océano del amor y vive para siempre en el amor. Totalmente consumido por el Amor Divino, su existencia individual se pierde, porque se ha fusionado con la totalidad del amor. Se convierte en una ofrenda de amor a su Señor. En ese estado de amor puro, todos los miedos, todas las preocupaciones, todos los apegos y todas las penas desaparecen.

97

La espiritualidad es la capacidad de afrontar todos los obstáculos de la vida con una sonrisa. El verdadero devoto Le entrega todo a su amado Señor y siempre tiene un estado de ánimo agradable y dichoso.

98

Todos los conflictos y divisiones dejan de existir en el interior de un verdadero devoto. En él no hay lugar para el odio o la ira. Los que le odian y los que lo aman son iguales para él. No solo el amor, sino también la ira y el odio se consideran prasad (una bendición de Dios). Para un verdadero devoto, no solo lo bueno sino también lo malo se experimentan como prasad.

99

La Dicha y la satisfacción nacen de la ausencia de ego. La ausencia de ego proviene de la devoción, el amor y la entrega total al Señor Supremo. La satisfacción solo se produce cuando uno se entrega con una actitud de plena aceptación mientras da la bienvenida con ecuanimidad a todas las experiencias de la vida.

100

La Madre a veces les dice a sus hijos: «Vuestra felicidad es la salud de la Madre. Esa es la única salud que tiene la Madre». Por eso, hijos, haced servicio desinteresado y práctica espiritual sin perder tiempo y alcanzad la verdadera Dicha. Vuestro tiempo es precioso, así que moveos cuidadosa y conscientemente hacia vuestra meta: la Verdad, la Conciencia y la Dicha.

101

La Dicha que lo abarca todo está ahí para quienes moran cerca de Dios. Cuando has alcanzado ese estado, las experiencias como la felicidad y el dolor, el insulto y la alabanza, el calor y el frío, el nacimiento y la muerte, pasan a través de ti. Tú permaneces más allá de todo ello, como el «experimentador», el sustrato mismo de toda experiencia, siendo testigo de todo como un niño juguetón.

102

Toda la creación se regocija. Las estrellas parpadean en el cielo, los ríos fluyen, las ramas de los árboles bailan en el viento y los pájaros se ponen a cantar. Debes preguntarte: «¿Por qué, entonces, viviendo en medio de toda esta alegre celebración, me siento tan abatido?» Pregúntate «¿por qué?» repetidamente y descubrirás que la respuesta es que las flores, las estrellas, los ríos, los árboles y los pájaros no tienen ego. Y, como carecen de ego, nada los puede lastimar. Cuando no se tiene ego solo se puede gozar.

103

Hijos, cuando la inocencia despierta en nuestro corazón permitiéndonos ver todo en su luz, solo hay Dicha.

104

Recuperad el mundo inocente y dichoso de un niño, lleno de risas y de sol. Todos nosotros debemos despertar al niño que duerme en nuestro interior. De otra manera no podremos crecer, ya que solo los niños pueden hacerlo. Es bueno pasar algún tiempo con niños. Te enseñarán a creer, a amar y a jugar. Los niños te ayudarán a sonreír desde el corazón y a conservar el asombro en la mirada.

105

Cuando los ojos pueden penetrar más allá del pasado, el presente y futuro para ver la Realidad inmutable que está detrás de todas las experiencias cambiantes, solo se puede sonreír. Los ojos también sonreirán, no solo los labios. Todos los grandes maestros tienen ojos extraordinariamente sonrientes. Krishna tenía ojos sonrientes. Mira a Kali mientras baila sobre el pecho de Shiva. Aunque parece feroz, en sus ojos hay una sonrisa: la sonrisa de la omnisciencia llena de Dicha. Cuando se contempla la Dicha de la Realidad, los ojos irradian puro gozo.

106

Amma no se sintió extraña cuando vino a este mundo. Todo le resultaba completamente familiar. Cuando se sabe todo sobre el mundo solo se puede sonreír. Cuando se contempla el universo entero como el juego dichoso de la Conciencia Divina, ¿cómo va a ser posible no sonreír?

107

Cuando comprendes que no eres este cuerpo sino que en realidad eres la Conciencia Suprema, te despertarás y te darás cuenta de que este sueño del mundo, y todas las experiencias relacionadas con él, solo son un juego lleno de Dicha. Te reirás mirando este exquisito juego de la Conciencia Divina. Igual que un niño que mira los diferentes colores de un arco iris se ríe y disfruta de ellos con ojos asombrados, tú también te encontrarás riendo dichosamente.

108

Oh, Espíritu Divino, ¿me ves aquí? Que tus manos estrelladas derramen su gracia sobre mí, dándome la fuerza necesaria para seguir recordándote y la tristeza que necesite para seguir llamándote. Tú eres mi único refugio y consuelo. ¡Oh, qué dichoso, qué bello es tu Mundo Divino! ¡Elévame hasta tu mundo de un millón de estrellas titilantes!

www.ingramcontent.com/pod-product-compliance
Lightning Source LLC
Chambersburg PA
CBHW061955070426
42450CB00011BA/3037